LYRIKEDITION 2000

Das Buch

Ob globaler Kapitalismus, Rezession oder Klimawandel – wir, die vom Milchstraßenrand aus auf die Welt schauen, sind nur kleine Nummern des großen Ganzen. Venus, Mars, Jupiter und all die anderen Himmelskörper haben ihre eigenen Gesetze, nach denen ihr Dasein abläuft. Ihr Interesse scheint einseitig: »Kein Zwinkern eines Planeten in flirrender / Luft, das Zuneigung zeigte. Richtung Erde.« Wir sind es, die den Ursprung und das Wesen von allem erforschen und dabei die Grenzen nur allzubald erreichen. Die Natur und ihre nicht zivilisierten Lebewesen scheinen uns überlegen zu sein, da sie gelassen in sich ruhen.

Sternensysteme sind wir im Zeitalter von facebook, myspace und twitter auch zueinander. Das Glänzen in Selbstdarstellung im Netz, das aufmunternde Blinken des Cursors. Wohl nur offline und allein gibt es einen Rest Geheimnis: »Heimlich / war jeder in seinen Wänden. Suspekt.« Markus Breidenich fängt in seinen durchkomponierten Gedichten die Koordinaten des modernen Menschen ein. In wunderschönen Versen wird das Wesen der Planeten erfahrbar.

Der Autor

Markus Breidenich, geboren 1972 in Düren, studierte Physik und Mathematik in Aachen, promovierte in theoretischer Physik in Potsdam und ist seit 2003 Patentprüfer am Europäischen Patentamt in München. Er veröffentlichte in Zeitschriften und Anthologien, u. a. in »lauter niemand«, »außer.dem«, »Poetenladen«, »Krautgarten«, »Jahrbuch der Lyrik 2009«. Er ist Mitglied der Gruppe »Reimfrei«.

Markus Breidenich

Am Milchstraßenrand

Gedichte

LYRIK
EDITION
2000

Weitere Informationen über den Verlag und sein Programm unter:
www.lyrikedition-2000.de

Gefördert von Books on Demand, Norderstedt

Bibliografische Information der Deutschen Nationalbibliothek:
Die Deutsche Nationalbibliothek verzeichnet diese Publikation in der
Deutschen Nationalbibliografie; detaillierte bibliografische Daten
sind im Internet über http://dnb.d-nb.de abrufbar.

Februar 2010
© 2010 Allitera Verlag in der Buch&media GmbH
Umschlaggestaltung: Buch&media GmbH, München
Herstellung: Books on Demand GmbH, Norderstedt
Printed in Germany
ISBN 978-3-86906-093-4

I. Nordlicht brennt

Video

Die Kamera läuft.
Jeder Dreh des Himmels
verlangt Sterne.

Kometenhaft: der Aufstieg
und Fall eines Eisklumpens.
Man sieht: nur den

länglich leuchtenden Fleck
über der abgedunkelten
Bluebox eines Abends.

Mondscheinwerfer. Aus
Mikrofonen heraus das
Hintergrundrauschen.

Ein Souffleur nuschelt den
Text: *Fiat Lux*.
Und das Nordlicht brennt.

NACHTBEWOHNER

Immer werden wir aufgehalten von Dingen, die
irgendwo herumstehen. Zur Welt jedenfalls
kommen wir nie. Auch umgekehrt. Hält man sich
fern von uns. In einer der Galaxien zwischen
Walfisch und Schlange. Wenn der Wind heult.
Eine Nova leuchtet. Neben der Mattscheibe des
Neumonds flimmern Lichtpunkte, hinterlassen
Televisionen des Abends, in denen wir uns als
entfernte Verwandte der Steine sehen. Abgetrieben
in einem Flussbett von der Strömung, die uns
abrundet, auf ein verschwindendes Etwas im
Hintergrund. Einen Grashalm vielleicht. Oder
das Lichtquant eines Sternhaufens im Schwan.

MEIN NIEMANDSLAND

Der Himmel, der mich betrifft, ist leicht bewölkt.
Ein Stück Meer treibt vor mir Richtung Osten und
morgens geht die Sonne darin auf, hinter Inseln,
vor der scharf bewachten Grenze zwischen
Freitag und Samstag, an der ich zum ersten Mal,
seit einer Ewigkeit wohl, heimischen Boden
betrete. Hier also nehme ich mein Äußerstes in Besitz
und füge mich in die Landschaft ein, in der ich,
stellvertretend für mich, eine Zeit lang wohne.

Relativ

Denkbar. Dass ein Orbit sich
beugt. Über dich. Sein kurviges
Etwas. Sein In-sich-Kehren. Siehst
du. Die müden Pupillen.

Sagst du dir, dass es Abend wird.
Natürlich. So müde zu sein. Auch
du. Gebettet. Nach oben schaust du.
An Nebeln vorbei. Immer tiefer.
Lichtjahre weit. Dann

siehst du es wieder. Von
Nahem. Von hinten. Den Rücken
siehst du. Von unten. Durch Erde.
Dich liegen. Spürst. Wie du einmal
um alles. Den ganzen Weg lang. Die
Zeit herum. So ein Krümmen die Welt.

U

Diese Türen sind Himmelspforten.
Zurückgebliebene nur hätten sie erblickt.
Sähen ihr eingestiegenes Herz die
Lichtschranken verdunkeln. Einen
abschließenden Mechanismus stören.
Den Rhythmus von Armen, Beinen.
Stürzende auch, die ihre Züge verzerren.
Entstellte Fahrpläne. Verzogene Zeit.
Sähen Raum in die wenigen Wurmlöcher
kriechen. Stationen nur. Für ein Tunneln
von Teilchen. Wimpernschläge auf
Anzeigetafeln. Wechselnde Tage. Ein
Stehenbleiben. Endlosschwarz.
Vorsicht beim Schließen der Wagen.
Jetzt rollen noch Körper über die Schienen.
Hinter Sicherheitsstreifen. Der Wind.

Pegasus ...

Hängst auch du in der Luft? An
diesen Decken gibt es keinerlei
Orientierung. Außer, man stülpt ihnen
das Gradnetz der Erde über. Dann ist
oben Norden und unten der Süden.
Darüber leuchten die Sterne. Alles
ist gut. Aber das bleibt nur ein Haufen
Selbstbetrug. In Wirklichkeit wellt
Lichtjahre hinter dem Zauberspiegel
Medusa ihr Haar mit Lockenwicklern.
Ihre Wunde ist längst schon mit
tausend Stichen genäht. Vielleicht
wird auch sie heute Abend
im Planetarium sein. Umgeben von
Mondgesteinen. Ein wenig die
Bilder betrachten, an denen sie hängt.

HIMMELSMECHANIK

Höchste Eisenbahn, Kepler.
Du sagst also auch, dass eine
Fahrt hier endet. Auf diesem
Jahrmarkt mit einer alten
Dampflokomotive. Einmal
um die Sonne drehen.
Siehst du, wie der Qualm all-
mählich hinter Planeten
steigt? Der Orionnebel
kriecht aus den Tälern hervor.
Erwachsene, die nach
Australien gingen, stiegen als
Erste aus. Auch du
hast eine Sternkarte gelöst.
Entwertet. Ein ausgestanzter
Kreis. Diese Welt. Eine
Rundreise. An den Anfang
zurück. Wieder klein geworden.
Also doch. Ein Kinderkarussell.

MERKUR

Schnell geht ein Jahr zu Ende. Auf dir.
Nutze den Mittwoch, deinen langen
Tag. *Mercredi.* Für einen Ausflug ins
Blaue. Dort, wo der Morgen neben
der Sonne steht, treffen wir uns.
Deine Botschaft ist frei von Wasser.
Du überreichst mir Gestein. Was mich
rührt. Einen Augenblick lang. Es heißt,
wenn Feuchtigkeit aus den Wimpern
heraus auf deine Haut fiele, dann
verdampfte sie dort. In den
Bruchteilen deiner Sekunden.

Venus

Wieder stehst du im dritten Haus.
Ein phasenweises Glück unter dem
Schleier. Hinter dem Fenster zur
Sonnenterasse. Könntest
Wolkenbände erzählen davon,
was Treibhauseffekte sind. Was
Abendstern-Sein bedeutet. Gläserner
Schaufenstersarg in den Lüften. Ein
Totenschein nur für den täglichen
winzigen Untergang. Alles Grün zu
verlieren im Innern. Verborgen zu sein.

TERRA

Wir kochen unser Ursüppchen. Für ein
kleines bescheidenes Leben.

Keine Sonne, die ihren abendroten
Teppich ausrollte. Für einen Starwalk

am Meer. Nur die Wolkendecke, die wir
nachmittags um unsere Beine werfen.

Kein Zwinkern eines Planeten in flirrender
Luft, das Zuneigung zeigte. Richtung Erde.

Keine Radiowellen entfernter Galaxien,
die ein Interview brächten. Mit uns.

Wir kochen mit Wasser, auch an Land,
sind Amphibien zwischen den Stühlen.

Dann Eidechsen, Vögel, Säugetiere.
Auf den Tisch gekommene Hunde.

In Umlauf gebracht. Gegen Einsamkeit.
Eine Raumkapsel. Dreimal am Tag.

Auf den Fieberkurven: die Hintergrund-
strahlung. Allmähliche Kälte im Raum.

Wir essen zur Nacht unser letztes Gericht.
Ein Schöpflöffel Mensch. Mehr nicht.

LUNA

Verschlusssache Mond. Einstweilen fallen ihm
Sonden in den Rücken. Bei seiner Revolution
um die Erde. Ein politisches Himmelsmotiv.
Die tiefschwarze Untergrundbewegung. Sein
Netzwerk aus Schwerkraft und Licht. Längst
ausspioniert. Auch der reibungslose Ablauf
eines Oktobers im luftleeren Raum. Es heißt,
man müsse seinen Einfluss auf Meere stoppen.
Gezeitenwenden. Wenn er sich am Abend
des Wassers bedient. Auf Mühlen. Die
Menschen in Gang zu setzen.
Beim Lauf über Dächer. Dann
müsse man ihn in Schranken weisen.
Mit Füßen treten. Gestein
aufsammeln. Waschen. Sein lebloses Hirn.
Den Körper mit Fahnen bespicken.
Als sei es die Akupunktur von Siegern, die ihn
heilen könnte. Von seiner vermeintlichen
Paranoia. Von den Narbenschmerzen der Krater.

Mars

Schon einmal sah man in deinen Kanälen
Gondeln ziehen. Lange bevor die ersten
Rover über die Landstraßen fuhren. Im
Scheinwerferlicht eines Morgensterns

hinterließen sie Reifenspuren. Winzige
Streckennetze auf deiner Oberfläche.
Auf einem Sonntagsausflug ins Rote.
Von Weitem sah man die Sonne einen

flüchtigen Blick über den Horizont werfen.
Nur ein langer Schatten ihrer selbst hinter
Steinen, die irdisch anmuteten. Als habe ein
Eingeborener hier einen Hinweis gegeben

auf Totes.

JUPITER

Manchmal fiel Licht aus allen Wolken.
Und Monde warfen ihre Schatten voraus.
In Padua bellten um diese Zeit die Hunde.

Der Herr malte und sah. Abend für Abend.
Nacht für Nacht. Was sich wendete dort,
hinter Linsen, drehte sich niemals um ihn.

Am Morgen über den Dächern: Die Sonne
stand still. Auf den Tuschezeichnungen,
gegen die Schrift, umkreisten vier Punkte

den fernen Planeten. Der Herr
schloss die Fenster und schlief.
Auch die Erde drehte sich um.

SATURN

Niemand kann heute noch an deinem Hochzeitstag
den Namen in deinem Ring lesen. Eine eingetragene
Lebenspartnerschaft. Ein unbekannter Mond
vielleicht, dessen Bruchstücke hier von Nähe rühren.

URANUS

Erde, deine Mutter, ist fort,
deine Umlaufbahn verjährt.
Auch die Sonne wärmt in dir
keine alten Geschichten mehr auf.

Der Äther schweigt. Und das
Meer trägt deine Farbe. Wie aus
dem Gesicht geschnitten ist dir,
zur Strafe der Götter, unter der

Gürtellinie deines Äquators, ein
Rest. Etwas Menschliches. Ein
Stück Blau aus deinen Sphären,
das dir nahe gewesen ist.

NEPTUN

Im Schlosspark spielen wir Fontänenglück.
Unter den Augen eines dreizackigen Gottes
zählen auch wir zu den Wasserbewohnern,
die in einiger Sonnenferne da draußen
Leben suchen. Im Spiegelsaal finden wir
hinter der Glaskuppel des Riesenteleskops
einen Lichtfleck über den Decken. Etwas,
das sich bewegt vor Gestirnen, leise.
Während wir uns wieder ins Freie setzen,
die Brunnen ihre Schüsseln nach oben
richten. Als empfingen auch sie aus den
Tiefen Signale einer anderen Wasserwelt.

Pluto

Was blieb? Zu deinen Selbstaufgaben zählte
das Nicht-mehr-unter-uns-Sein. Mit einem
Obolus unter der Zunge zahltest du –
wie all die anderen auch – deine Überfahrt.
In irgendeine Unterwelt. Jenseits der Planeten.

Komet

Man hätte dir – sternhagelvoll wie der Himmel um diese Jahreszeit war – auf den Nachtseiten deiner Ephemeriden begegnen können, wo du schwachleuchtend, aber dennoch sichtbar mit dem bloßen Auge über den Straßenzügen deine Runden drehtest, aus den Diskotheken heraus noch das Schwarzlicht dir jene verblassende weiße Aura verlieh, als du tief überm Horizontblau deinen Strahlen nachhingst, die Flammen vielleicht eine Art von Dämmerung in dir wachriefen, eine Schläfrigkeit, so als würdest du bald schon in heimischer Erde liegen, dich verstecken vor uns, unnahbar, damit nicht ein letztes Stück Eis in deinen Kernen auftaute.

VISITE

Die Beugung des Lichts. Über dir.
Am Namensschild eines Sterns. *Aldebaran.*
Kein weißer Gott, der dich abhört. Mit
Teleskopen über den Rücken fährt. Eher
der Rote Riese. Von Sonnen verbrannt.
Mit Blutkonserven unter dem Arm. Dich
auffüllend. Eine Frühgeburt im Taurus. Vor
Sonnenaufgang. Halb Mensch, halb Sage.

MEDUSENSALON

Keinen Augenblick, bitte!
Wir werden für immer bedient.

Die Lockenwickler der Schlangen
bleiben im Haar. Eine Ewigkeit

sitzen wir vor unseren Spiegeln.
Wir schauen uns an. Und nichts

passiert. Wir werden uns nicht
in Stein auflösen. Niemand

wird je wieder Köpfe schneiden,
das Grauen an ihnen färben.

Erhobenen Hauptes verlassen wir
die uns verbliebenen Körper.

Wir sind angesehene Leute.
Nur die anderen sterben daran.

So gut wie nie waren wir nicht. Nicht im Entferntesten
konnten wir diese Leere ziehen. Aus uns. Wir

sind Anfänger geblieben. Und Ender. Zeitliche eben,
die ihre Uhren stellen und arbeiten gehen. Für ein

winziges Auskommen mit den Dingen, Atomkernen,
Steinen, Wasserfällen und Meteoriten, die uns schön

erscheinen oder belanglos. Erschaffen oder nicht.
Und manchmal – für einen Augenblick oder zwei –

sind auch wir fast wieder nicht mehr. Dann werden wir
froh sein darüber. Und lächeln. In uns hinein.

II. Ins Logbuch der Beagle

PROLOG

Langsam, nur aus den Aufzeichnungen erfährst du,
was war. Den Zug der Vögel, Herdentiere. Schwarm
der Fische, Hände. Rußgeschwärztes. Ausgemaltes Glück.
Im Inneren. Den Höhlen, Mördergruben. Längst notiert.

Molekular, die kleinen Zeichen naher Enden. Hier
warst du Mensch und Strang zugleich. Gelöstes Rätsel.
Schmerzlos, sanft. Nahmst gegen jede Form von Abendrot
Gewissheit ein. Dass alles komme. Gehe. Nur ein Durchschlag

blieb.

WOHIN? Nur gelegentlich stellt sich diese Frage, wenn man irgendwo da draußen die Orientierung verliert. Ein halbseitiges Empfinden von Leere auf den nächtlichen Hemisphären, das Taubheit wird in den Fingerspitzen oder ein Flimmern in den Augen. Zwischen zwölf und eins. Einige zehntel Grad südlich der Strömung. Liegen Fußabdrücke von Riesenplaneten in der unbelebten Zone eines Zentralgestirns. Dort also führen die Spuren ins Nichts. Man schreibt dieser Tage unleserlich einige Tierkreiszeichen ins Logbuch der Beagle.

EIN ANFANGSVERDACHT. Wie es sein könnte.
Am siebten Tag in Folge. Regen. Sturm bei Nacht.
Wir schreiben anno viermilliardenzehn. Auf
Kurs Südost. Bedeckter Himmel. Wolkendunst.
Mir schleierhaft, wohin die Reise geht. Vermessen
wir: ein Inselreich im Süden? Seekrank
bin ich. Grundlos. Über Wellen.

EVOLUTION

Entstanden war das alles
aus dem Nichts.
Einem Schluck Meer höchstens,
der durstig machte.

In diesen Kreisen begann man seit Urzeiten
das Leben mit einem L wie
länglich. Etwas, das man in eine Zelle schloss.
Verinnerlicht. Durch eine Wand getrennt.

Ganz ähnlich
einer ungefüllten Sprechblase, die später – an Land –
im Raum hätte stehen können. Zwischen uns.
Wenn wir am Strand saßen. Verändert

mit der Zeit. Während die Muschelschalen
unter den Sandkörnern knackten.
Und die Wellen rauschten. Als stünden sie
stellvertretend für all die Leitungen,

die tot waren. Seit Langem. Schuld?
War eine ungeklärte Frage. Etwas,
das nicht in Worte zu fassen war, wie wir es etwa mit
»Schulterzucken« hätten tun können. Es war einfach so.

GALAPAGOS

Ihre Panzer haben Geschichte geschrieben.
Wie jede andere friedliche Art,
so leben auch sie in den Morgen hinein. Auf
Feldzügen über heimische Gräser und Steine.
Unter riesigen Kuppeln wandeln sie,
die seit Menschengedenken Opuntien fressen
auf gottverlassenem Grund.

FINKEN

Wie ihnen der Schnabel gewachsen ist,
so singen sie, wenn sie Platz nehmen,
jeden Mittwoch zur gleichen Zeit auf den
Zweigen ihres Stammbaums rechts über den
Klippen. Sie kommen aus einfachen Verhältnissen,
einer Insel vielleicht, einige Seemeilen südlich von hier,
und sind Fremde auf beiden Seiten.

Meerechsen

In der Felsbesetzerszene fallen ihre Tattoos
nicht auf, wenn sie im Einklang mit ihrer Umgebung
sonnenbaden, untertauchen, Algen weiden.
Die meisten von ihnen – hinter rauer Fassade – sind von
weicher, kaltblütiger Art. Letzte Mohikaner, die ihre Träume
leben, Ideale, jenem Aktionismus der Säugetiere und Vögel
Ruhe entgegenzusetzen, Gelassenheit, die ihresgleichen sucht.

Fossil

Hatten die Knochen Blickkontakt mit den Augen der Gorgone
oder waren sie liegengeblieben auf Grund? Im Staub von
Vulkanen, dem Schlick eines langsam fließenden Stroms?
Manche waren in Marmor gebettet. Andere lagen in Bernstein
und schauten aufs offene Meer. Zwischen Sand und zerriebenen
Schalen kommunizierten – in den toten Sprachen Pangäas –
die Trilobiten, unzählige Male auf Schieferplatten gepresst.

ARCHAEOPTERYX, NR. 3

Jene, die aus eigener Feder stammten, wurden
abgedruckt; autobiografisch aufbereitet. Bis
ein Motiv, das irgendwie in der Luft hing zu
ihrer Zeit, sich festsetzte in den Köpfen,
den kleinen Schädeln auf langem Hals, über den
Rippen und Ansätzen der Beine, die jetzt – in ihrer
weltfremd verdrehten Lage – Stellung nahmen zu sich.

Archaeopteryx, Nr. 8

Übrig geblieben ist der Abdruck einer Kralle vor
Grauman's Chinese Theatre am Hollywood Boulevard.
Und das hochwehende Federkleid über der Lüftung des
U-Bahnschachts, Monroe-like, war zu Lebzeiten Anreiz
für einen Gleitflug über den Solnhofener Plattenkalk, von
Anhöhen aus oder Baumkronen talwärts, in eine der
Lichtungen, die filmreif gewesen wäre über den Farnen.

Pans Schweigen

Eine erste Nachfrage, wie wir entstanden, blieb
unbeantwortet. Sobald wir in diesem Affentheater
zur Sprache kamen, schwiegen sie. Wir stießen
auf Unverständnis und behalfen uns mit
Mimik und Gesten. Jagdszenen hinterließen wir
den Wänden und spielten abends mit Feuer. Aber
unbeachtet zu unseren Lebzeiten starben wir früh.

Lucy in the soil with a skull

Auf einem deiner Trips, am Rand einer Senke,
lagen die Reste deiner Arme und die Rückseite
deines Schädels in der Gegend. Schwankend
stelltest du dich vor, während dein Kopf noch ein
wenig schwer war und dein aufrechter Gang dir
instabil erschien, deiner Zeit einen Schritt voraus,
als du barfuß über die Bühne gingst. *So incredibly high.*

Genetisch

Klonschäfchenwolken waren es, die einem vorkamen,
als seien sie mehrmals schon über die Wiesen geflogen.
In ihrer unaufdringlichen Art, einander ähnlich zu sein,

hätten sie Schatten unter sich geworfen und das Gras
ausgeweidet, ein pflanzliches Ersatzteillager, das ihre
inneren Organe mit Leben füllte und sie aufsteigen ließ.

Manchmal schor sie dort oben der Wind. Ein zerzaustes
Bild, das sie abgaben, wenn man sie fotografierte. Oder
einfach nur anschaute. Bevor ihre Wolle sich über den

Boden legte. Täuschend echt, als habe mitten im Juni
der Winter Einzug gehalten, wo sonst Pusteblumen
standen, auf den ungemähten Feldern sich entblößten.

WIR zählten Chromosomensätze an einer Hand, die du mir
vor Jahren gegeben hattest. Aus einer deiner Ausgrabungen
alter Geschichten konnte man keine Linientreue ableiten, mit
der du diesem System der Wirbellosen Folge geleistet hättest,
den Finger zu krümmen. Für ein genetisch bedingtes Leben.

Wir fanden Reste von Staub unter den Nägeln. Eine Hand
voll winziger Pollen, die Aufschluss darüber gaben, wer
zur Kirschblütenzeit deine Herkunft verriet. Zwischen Spuren
von Hämoglobin und Rosenholz entzifferten wir die Decknamen
der Erdschichten, in denen, was sterblich war an dir, nun Ruhe
fand.

Epilog

Was mich ausmacht am Abend. Regen.
Stell mir den Himmel schwer vor, aber
es geht. Dieser Kreislauf, sagt Emma. Schwindel.

Dass alles wieder von vorn anfängt. Wenn es
aufgehört hat zu regnen. Egal, wie es drinnen
aussieht. Wie viel Staub auf den Büchern liegt,

wie viel daneben. Draußen ist es immer
eine Sache der Interpretation, was übrig bleibt.

III. Grünanlagen

Biotopisch I

Auf bautest du
allen Unkenrufen zum Trotz
dein Spinnfädenspiel.

Über Wasserspiegeln ein
seidenverkehrter Draht nach
oben. An Schilfgrashalmen

dein Hüftschwung
mehrbeinig
körperbetont. Aber leise.

Kaum hattest du Netz-
empfang, schon sprachst du
vom Nummerntausch. Eine

gute Partie. Ein
Freizeichen seiest du.
Chiffre. Code

war die Zahl deiner Augen.
Du sahst ihnen zu.
Den stetig veränderten

Oberflächen. Glitzerndem
Wellensalat. In Binsen den
Hüllen von Larven. Gehäutet

wie du. Entstiegen dem Rest
die Drachenfliegen. In
flirrender Luft. Hinauf.

Jetzt war es dein Warten auf
Opfertiere. Du saßt in der Falle.
Betend.

BIOTOPISCH II

Alfa *Spider*
fuhrst du über dein
Landstraßennetz.

Geheimnisumwittert
dein ungepanzerter Leib.
Samt Augentönung.

Hier lenktest du oft
an Fäden der Macht
deine imperialen Reisen.

Warst Networker
unter den Oldtimerfreunden.
Zwischen Midlifecrisis

und Untergang. Noch
einmal gehäutet.
Im Scheinwerferlicht

umschwärmt. Umwickelt
die Schemen der Opfer. An
Windschutzscheiben geklebt.

MARKTSTAND, MITTE MAI

Vor den Zielgruppen der Hecken platzierten
Amseln ihre Werbung. Wo früh
der demographische Faktor Gesang
ihren Hörern den Atem verschlug,
schoben Menschen sich in Schlangen an
Ästen vorüber. Suchten Luftschnäppchen
unter den Blättern. Um den Gutschein der
Sonne einzulösen. Und sei es nur gegen
besseres Wetter. So nahmen sie hier
das Paradiesvertreiben in Kauf. Zu
Zeiten der Apfelblüten, die jetzt
in Umlauf waren. Deponierten
ihre Habe auf Parkbankfilialen. Und
lauschten entfernt den Frühlingsangeboten.

SOMMERSPIELE

Vor Sonnenaufgang. Am Hang.
Das Tauziehen der Gräser.
Manchmal übertritt Nebel
die Landstriche. Ein Punkt
für die gegnerische Wiese.
Auf dem Fell eines Damwilds
vielleicht. Verbissen
sind hier die Rinden, wenn sie
ihr Herz belasten. Ein
Stechen in Brüsten.
Beim Gleichstand der Bäume.
Glück nur bestimmt
die Ziehung der Wolken.
Windspiel von Zweigen.
Alles Auf und Ab der Sterne.
Entscheidend dann
die Bruchteile eines Morgens.
Das erste gefallene Licht.
Überreste. Unter den Halmen.
Dabei gewesen zu sein.

GARTENRENAISSANCE

Maulwurfshügelland. Wir gruben ans Licht.
Diese Erde war eine von vielen da draußen.
Über Wiesen. Unter Tage sprachen wir von
heimlich gedrehten Planeten. Verdeckter
Ermittlung unter verwanzten Moosen.
Nachts wenn die Luft rein war über uns
hoben wir Kuppeln aus. Schauten blind
wie wir waren über den Bodenrand.
Zwischen Sternen verloren wir uns in
einiger Tiefe. Tasteten umher und gerieten
ohne unser Wissen verraten zu können
in die aufgestellten Fallen eines Höheren.

IN DEN LIEGENSCHAFTEN DES SOMMERS.
Von allem, was wuchs, nur die ihren
traten ein in die hängenden Gärten
luftgetrockneter Blüten.

Windkraftanlagen im Park
lieferten Strom für die Äste. In
photosynthetische Hemden gehüllt,
kamen sie mittags ans Licht

zwischen Ringelblumen und Klee.
Sie sammelten Fakten der Disteln.
Über Grenzlandstreifen standen
die Hundertschaften in Grün.

Bis spät in den Herbst.

SONNENBANKROTT

Es war keine Form von ästhetischer Korrektur,
jene leichte Bräunung des Laubs, die jetzt –

wohin man auch schaute um diese Zeit –
den Tonfall der Landschaft bestimmte.

Sporadisch schnitten die Gärtner gut ab,
während andere längst ihre Grünanlagen

auf den Wochenmärkten verloren hatten,
sich in die politischen Extreme kahler

Bäume flüchteten. So sank allmählich
auch der Stand der Sonne unter den früher

üblichen Preis. Immer häufiger fielen die
länger gewordenen Schatten von Stämmen

auf Hecken und andere Randgruppen.
Der Geruch von Schnee lag über den Feldern.

Während man abends die Spätlese aus den
Regalen holte, von früheren Jahrgängen etwas

Wichtiges lernte. Dass sich nichts davon
wiederholen durfte. Bis es heller würde. Draußen.

AUFGEWACHSEN bin ich bei Sturm. In der nördlichen Eifel. Als einmal ein Ast abbrach, unter dem ich saß, fand ich dort keine Ruhe. Die Halme waren hier unzugänglich. Man umging sie mit festem Schuhwerk und federndem Flug. So hielten es auch die Katzen, wenn Reisig über ihre Schnurrhaare strich und der Regen die Pferde über den Acker peitschte. Als wüchsen dort immer noch andere heran, die verwurzelter waren als ich. Und manchmal vergingen Tage und Wochen ohne das Mähwerk eines Vergessenen. Aufgeführt zwischen grünen Hügeln, die allesamt Kühe trugen. Mit schwarz- oder braun-weißen Fellen. Ich notierte die Nummern in ihren Ohren und verspeiste später ihre Rücken. Vieles war nass-kalt und windig. Der Wald roch nach Boden, wenn man ging. Auch ich hatte einen Regenmantel an und grüne Stiefel. Damals, an den Tagen danach.

BAYERN 1

Radiologisch betrachtet ist die
Schwärzung des Himmels auf den
Schieferplatten nur der Niederschlag
von Teer in den Flügeln. Während
Krähen durch die Raucherzonen
fliegen, lösen Rußpartikel sich aus den
Wolkendecken. Die dunkle Patina eines
Freskos, von Kerzen gezeichnet über
dem Altar, lässt Böses ahnen. Schon
segnen die Zwiebeltürme alles Zeitliche.
Auf Station drei liegt der Heiland unter
dem Kreuz. Und in Nachrichten reden
sie von strengen Gesetzen. Du sollst nicht
rauchen, heißt es. Über den Köpfen zieht
der Himmel sich zu. Im Wetterbericht
sagen sie, dass er anlaufen werde, blau,
am kommenden Morgen. Dann sei es
vorbei mit den irdischen Dingen.

In den Resten des Grüns

Am Abend, als ich dir Mehrwegrosen schenkte, mit einem
grünlichen Punkt auf den chlorophyllgetränkten Blättern,
der andeutete, was als Leben in Tüten galt, erwähnte ich,
dass auch wir nahezu vollständig wiederverwertbar seien.
So könnten beispielsweise die Moleküle unseres Hirns
eines Tages im Facettenauge von Libellen stecken oder
dem Rückenhaar eines Bibers. Und andere Teile seien
die Zellwände von Gräsern oder Farn, die am Waldrand
wachsen. Zwischen Baumstämmen und Stein. Aber jetzt
hatten wir lediglich uns an der Hand. Gingen ein wenig
zwischen Müllbergen spazieren und schauten, wie wir
unsere Köpfe aus den Lumpen steckten, zwischen
Plastikbechern und Aluminiumdosen. Nahezu
unzertrennlich von unseren Körpern entwarfen wir
im Abfall von alten Gedanken unser eigenes duales System.

ÖKONOMISCH

Auch die Blätterwerke schließen Ende Oktober.
Keine Stammbelegschaft, die hier noch
auf ihre Rechte pocht. An den still
stehenden Fließbändern des letzten Frühlings,
die neben den Blaumänteln
in der Luft hängen. Kurzarbeit,
so nennen die Hecken ihr Abschneiden,
während drinnen der Morgen tagt.
Über den Führungsetagen des Innenhofs.
Hier verstecken – während der Erdschicht –
die Eichhörnchen ihren Bonus für den Winter.

Luftbild

Taubeneigroß der Himmel.
Auf Nesthockern sitzt man in
Cocktailbars. So lange es
Erdnüsse gibt in den Schalen,
bleibt man der Wirtschaft treu,
diesem Tiefdrucksystem, das
alles da draußen in Wasser
löst. Liquide das Geld. Den
Rinnstein lang. Wie Vögel in
Käfigen leben. Kein Säen, kein
Ernten. Und doch ernährt sie
ein himmlischer Spatz.
Ein süßer, gefiederter Gott.

LANDEBAHN

Wald an Tower. Sporenflug. Richtung
Hochsitz West. Warteschleife drehen
die Tontauben. Auf Rollfeld drei
schießen Pilze über den Boden hinaus.
Scherben fallen hinunter.
Bruchpiloten. Stück für Stück. Gerettet nur
von den riesigen Schirmen der Fungi.

WILD

Im toten Augenblickswinkel. Du.
Spiegelbildlich gesehen:
Der Hang der Bäume. Zu dir.
Im Wald fallen Schnappschüsse.
Überholmanöver zur Jagd.
Keine Spur bist du
auf dem frisch gefallenen Schnee.
Die Nachtsichtgeräte
verlieren dich. Unter Ästen.
Du wirst deine Fährten fortsetzen.
Und eines Tages vor dem
Fadenkreuz eines anderen beten:
Nimm mich zur Kenntnis. Lebend.

NORDKURS

Die Landschaft verliert sich
in Details. Wir Fahrgäste
lieben die Oberflächlichkeit
eines Sees. Die Parabeln der
Täler und das Eindeutige
eines Horizonts. In groben
Zügen rollen wir unsere
Augen über die Felder.
Zu schwer das Fraktale der
Wolken. Aber irgendwann
zwischen zwei und drei
verschwimmen die Räume.
Alles um einen herum
wird flach. So einfach
ist bei Amrum das Meer.

Montan

Hochland. Einwärts.
Eisregen über dem
Brenner.
Stichflammen
flicken die Nähte
zwischen Hügelketten
und Schwaden.
Heißluft. Dünn. Nach
oben steigen die
Himmelfahrer.
Tausende Zoll
über Null die
Koffer im Wagen.
Gerissenes Futter.
Hunde
riechen den Schnee.

IV. In den Schächten des Netzwerks

Kunde davon

Nichts von alledem sei uns verraten. Nichts von den
Dingen, die ohne unser Wissen aufgezeichnet wurden,
während wir Treuepunkte sammelten, unser Outfit
änderten füreinander und doch auf den Standbildern
der Kameras erkennbar blieben. Als Lieblingskäufer.

Waren wir günstig. Uns. Oder teuer? Auf Fragen wie
diese antworteten wir. In Fußgängerzonen oder später,
nach Feierabend, wenn wir telefonierten. Mit Call-Centern.
Oder uns. Mit Nein. Aber häufig war auch dies, statistisch
gesehen, nicht aussagekräftig. Authentisch waren wir nie.

MANCHMAL KAMEN WIR bis auf ein zwei Schritte an uns heran. Wenn wir – die Hunderte Meilen durchkreuzten – in Sichtweite waren, das Feuer eröffneten mit ein wenig Reisig, während die Scanner liefen und unsere Personalien aufnahmen.

So hielten wir uns – in typischen Situationen – ein wenig fest. In einer komprimierten Datei zwischen frisch gepresstem Blattwerk und Schlagbäumen schauten wir aus einer Lichtung heraus ins Weite. Auf den Bildschirm neben uns.

Jede Bewegung, die ein Ende hätte sein können, aufgezeichnet. Ein Abschalten und Wegklicken, oder das Knacken eines Zweiges im Unterholz. Regungslos, so behielten wir uns im Auge. Überwacht von den Nächten, in denen wir uns ein wenig durchschauten.

INTERNETFOREN. Römisch. Im
Profil steht ein Grußwort.
Salve, amici. Normale Statue.
Kennst du mein Herz aus
Marmorkuchen? Die
klassische Backform war
Imperfekt. Ein An-dich-Lehnen.
Bei Brötchen und Spiel.
Verstecken in Erdschichten.
Fotos von uns. Vor Curia Iulia.
Neunziger Jahre. So war
Geschichtsschreibung. Neulich.
Auch heimlich: Revolutionen.
Castor. Am Gleisbett. Du.
Geigerzähler. Den
spieltest du schnell. Mit
Prätorianern das Kämpfen lernen.
Bis morgens. Neun. Dann
Wasserwerfen. Ins Meer jene
aufgelöste Versammlung. Nein.
Tu es Petrus. Wo Steine geflogen
sind. Wussten wir nicht. Wo
warst du? Die Nacht. Über mir.
Und Space-Tasten drücken. Pollux!
Gleich waren wir Sternbilder.
Dioskuren. Die Unzertrennlichen.
Weißt du. Die Ewigen. Hier.
Wie schwer war der März.
Die Münzen im Boden. Mauer-
reste. Von Glück sagen konnten
wir. Hatten uns doch. Für Jahre.
Return. Die Neuzeit fand uns
jetzt schön. Ich grüße dich sehr.
Moriturus. Nicht wahr? Dein
zweitausendzehnter Besucher
muss schlafen gehen.

HIER IST ARBEITERBEWEGUNG. Der Lauf von
Elektronen im Sozialen Netzwerk *People*.

Könnt ihr zwischen dem Rauschen eines
Kanals die auf Eins gesetzten Signale als

Audio-Output auf den Ausgang legen?
Des Jahrzehnts zum Beispiel, das jetzt

systemirrelevant geworden ist. Wir sind
empfindlich getroffen an den Schaltstellen

unserer Proxy-Server, die früher einmal
unsere Nächsten waren. *Völker hört. Nicht*

mehr. Wir sind abgeschnitten voneinander.
Kabellose. Einander kennenlernende *Worker*.

FACE BOOK

Wir mögen in diesen Netzen Menschenfischer sein.
Was immer uns bewegt, den Schlüssel in Händen
zu halten. Uns öffnen heißt: den Nimbuswolken eine
Kurzmitteilung zu senden. Wir. Die wir hier waren.
Werden angekommen sein. Das also sagen wir
Engel_301 und hören den Flügelschlag in der
Lüftung. Ein aufgelöstes *Fürchtet euch nicht*.
Zu uns gesagt. Den Wartenden, die
jede Form von Erlösung auf Server legen.
Als Eintrag in unsere Datenbanken. *Du bist
der Fels* und *Gehe hin*. An den Abenden halten
wir unsere Hände. Jeder mit jedem. Verknüpft.
Gewebe, ein Mensch gewordenes Spiel. Und ins
Gästebuch schreiben wir. *Eins. So sind wir gewesen*.
Ein Wort. Allen Nullen zum Trotz gespeichert.

FLICKR

Jener Wackelkontakt über den Lüften. Grund
genug für ein Flimmern, wenn wir abends nach
oben schauen und augenzwinkernd unsere
Anschrift tauschen. Rauchsignale oder
Tauben, die aufsteigen. Zwischen Perseus und
Südlichem Kreuz. Dann sind wir im Raum
elektrisch geladene Gäste. Von Auren umhüllt.
Ein gefeiertes Paar Galaxien. Und wirbeln den
Staub von den Büchern. Wir öffnen den Blick.
Hinter Hunderten Silben leuchten wieder die Straßen.

Mein Raum

In den Schächten des Netzwerks wird gehämmert.
Freunde arbeiten an meiner Transparenz. Auch ich
lebe jetzt unter Tage. Das Kunstlicht fördert mein Ego.

Webcam I

Im Hintergrund liefen wir.
Zur besten Jahreszeit. Eine
Endlosschleife um unseren
Hals. Zwischen meterhohen
Sanddünen. Und Traumstränden
in den Tiefschlafphasen unserer
Körper. Wiederholten wir in
Slow-Motion die Vertreibungen
unserer Stunden. Während Schatten
auf uns fielen. Begruben uns
unter sich. Auf der Flucht vor
den Schleiern, die sekündlich
hinter uns verstrichen. Linien
zogen über den Schirm. Neben
der Liege und den Handtüchern.
Den Menschen um uns, die waren.

Webcam II

Es lag vielleicht an der Körnung der
Steine, dass wir undeutlich blieben,
keine Einzelheiten neben uns zu
erkennen waren. Wie Gesichter oder
die Handschriften des Aristoteles,
wenn wir den Tasten etwas mitteilten
von uns. Dass in Lebenszyklen der
Sonnenschirme eine Wiederkehr war.
Etwas Reinkarniertes über den Sand-
kuppen, das hinter uns in den Büschen
verschwand. Während wir nachsahen
auf unseren Nabeln, was uns und die
anderen bewegte. Innerlich. Zwischen
Zügen einer Zigarette und dem Rauch.

Twitter-Lyrik

Bin weit
weit weg.
Gerade dabei
Wolken zu pflücken.
Getrocknete Andenken
zwischen Satellitenbildern
und digitalen Wasserzeichen.
Meine Regenzeit.

Zugfahrt. Etwas wie
zu Strichen gezogene Blätter
könnte Landschaft bedeuten.
Spalte für Spalte abgetastet:
Tropfen.

Gerade angekommen. Weiß noch nicht
wohin.
Die Straße lang.
Häuserzeilen. Zwischendurch
etwas sprühen.
Esprit vielleicht.
Meine Message ist Luft.
Und mein mehrdeutiges Wort lautet: Farbe.

Warte im Café Einstein.
Auf meinem Capuccino
entstehen Galaxien, wenn ich
umrühre und das Kakaopulver
Spiralarme zieht.
Mir gegenüber sitzt Lisa.
Relativ cool.

FESTPLATTENBLUES

Touch-Screen. Wo immer du auch
bist. Diese Form der Berührung
ist ein Zwischen-den-Zeilen-Sein.

Triffst auch du mich ins Herz,
so werde ich dir ein Fenster
schenken. Nachts kletterst du

eine Leiter empor. Klopfst
gegen meine Scheiben.
Bis alle Daten gelöscht sind,

mein Lesekopf dich nicht finden
kann. Pore für Pore ist abgetastet.
Leer sind die Augen danach.

UNVERLETZLICH. Hinter all den Schnittstellen Haut.
Und sei es nur für den Augenblick. Dein Gigaherz.
Übertragen wir uns. Langsame Lider. Kabelgewirr
auf zweierlei Köpfen. Umarmt. Umgeben. Von
Flüssigkristallen dein A und O. Unbeschreiblich
vernetzt ist das Spiel mit den Menschen. So echt.

OFFLINE

An so manchen Tagen gingen uns die Augen über davon.
Wenn wir immer noch liefen und neben den Körpern lagen.
Dann trugen wir grün auf den Videobildern. Hielten uns
fest daran. Gelegentlich spürten wir Wärme. Wenn die Lüftung
nicht ging, keine Laptops rauschten, und wir ausgegangen waren.

V. Corpus du

WIR, die wir oberflächlich betrachtet
Festkörper waren, aber innerlich
von weicher Konsistenz. Wir sahen uns oft
als Eingeweihte, wenn wir nachts gegen zwei
unsere Zellen teilten. Mit uns. Oder in uns
sollte niemand je ein Einsehen haben.
An Grenzen der Haut standen wir. Für
einander. Und hatten weder
Wasser noch Licht. Uns aufzulösen darin.

KOKON

Von Glück sagen konnten wir nur.
Dass es morgens war. Unter Federn.
Auf Schattengewächse gefallen. Ein

Vorhangblau. An Lamellen vorüber
die Hinterhofsonne. In Vogel-
nestern und Weinblattmauern. Ein

Hängen an Steppdeckengrün. An
Schaumstoff. Gehäutetem Hüllenlos-
leben. Zur Pfirsichblüte. Matratzen mit

weichen Kernen befüllt. Wir. Waren
Drachenbaum liebende Palmwedel-
hüter. In Bettlakenhöhlen zu Haus.

Theben I

Die Skarabäen rollen Dung über die
Bergketten. Wo die Morgensonne
ihren täglichen Aufstieg beginnt.
Lege auch ich mein Horusauge an.
Und beginne den Anblick deiner
Stirn mit einem Dankgebet. Du bist.
Und ich ertrage dich wieder. Meine
Endlichkeit unter den Decken. Durch
Schlafzimmervorhänge fallendes
erstes Licht auf den Rand meines
Mundes. Du redest. Über den Nil
schimmern die blassen Wolken.
Weich gezeichnete Schatten. Ein
Irisblenden. Zwischen Schilfgras
blinzelt Osirisgrün. Ein Farbenspiel
du. Ein friedliches Zeichen. Dein
heimlich verschlossener Bauch. Du bist.
Balsam für meine getrocknete Haut.
Ein ewig lang schlafender Körper.

Theben II

Wie Augenhöhlen sind. Auch wir eine Sandspur
über Einwegwüsten. Tönerne Gefäße unter dem
Sonnenschutz der Akazienschirme. Von Oasen
getränkt die Eingeweide in Amphorenbäuchen.
Herzloser Rest. Die Färbung von Steinen auf
Minenfeldern. In schattiger Lage. Reglose Opfer
Months. In den Volieren des Kriegsgottes. Falken.

VERGOLDUNG in deinem Gesicht. Harz
füllt deine Bauchhöhlen. Auf Leinwand-
ballen ein Video. *Walking in Memphis.*
So jenseits der Stadt deine Hände. Auf
Stein. Verschlossener Mund. Und ein
Totenbuch auf den Beinen. Du gehst.
Tell me are you a Christian child? Und
du lächelst verwinkelt. *Tonight!*

RÖMISCH – GERMANISCH

Aus Wasserbetten gelang der Aufstand
unserer tönernen Füße. Hier lagen wir
im Schlick und enthüllten
hinter Erdmasken
unser nahezu wahres Gesicht.
Wieder empfanden wir nichts dabei,
uns einzuleben unter Geistern,
die in Handschriften lasen, wo
wir über den Rhein setzten,
mit Silberkelchen, Perlenketten
kenterten. Götter,
das waren unsere Stunden!
Wir schrieben in Tagebücher
Aufzeichnungen unserer Spuren.
Bis das kleinste Relikt
in Vitrinen stand, wir,
als Besucher getarnt,
an Kopfhörern hingen
und digitalen Museumsführern. Stolz,
in der zeitlosen Form unseres Gehens,
schritten wir fort. Aber müde auch.
Und mitgenommen von Gräbern.

Turin

Ein Tuchhändler ist der Himmel nicht.
Weder würfelt Gott. Noch wirft er die
Münzen des Kaisers über seine Augen.

Er zupft keine Blütenblätter. Echt oder
nicht. Bliebe keine Frage des Glaubens.
Nur eine Sache der Wahrscheinlichkeit.

Statistik halt. Das selbst gefälschte Wort.
Zerfall. Ist Isotopenspiel. Mit ungewissem
Ausgang. Wahrheit, die dazwischen liegt.

Was Wahrheit sei? Das Licht. Es könne
Teilchen sein. Ein Wellenmeer. Etwas
Quantenmechanisches. Bildnis vielleicht.

Die Grabungen innen. Woran man jetzt war.
Unter Echtholzschatullen. Amulettschmuck
aus Bernstein mit Einschluss von Blumen.
Ein regloses Bauchnabelimplantat. Insignien
deines Sonnenstandes. Verkauftest du Licht
aus Keltenschätzen. Getrocknete Jahresringe.
Armreif. Von langsamem Wuchs deine Haut.

JETZT, da unser Retrolook wieder in Mode kommt,
schauen wir gelegentlich zurück auf unsere alten
Tage. Das also waren sie. Die Erscheinungsbilder,
auf denen wir früher zu sehen sind. Als andere.

Je mehr wir darüber nachdenken,
desto sicherer werden wir uns, dass eigentlich
wir es sind, die ein Anrecht darauf haben, etwas
zu sagen wie: *schön* oder *schon da gewesen*.

So könnte es sein. Unser Urheberrecht.
Unser altehrwürdiger Stoff, den wir tragen,
ist immer noch gut zu erzählen. Wir entfalten ihn nachts
auf unsere Art. Und bügeln am Morgen die Kragen.

ALTE LIEBE

In Erinnerung behielten wir uns nie. Nicht einmal,
wenn wir morgens unsere Arme suchten, in einem
der Betten. Dann war es, als habe sich jeder von uns
unter Steppdecken, Laken oder einem Stück Haut
verlegt. So ging dieses Tasten und Fühlen über
Stunden, bis mittags meistens. Dann fanden wir uns
unhaltbar zwischen Kissen und Wand. Wo früher
einmal unser Kopfteil war, entfielen wir uns.

MILCHSTRASSE 17A

In deinem Wohnzimmer brannte immer noch Licht.
Wie wenig konntest du anfangen. Vor Urzeiten.
Und wie wenig endetest du. Mit mir. An Rändern.
An denen du Luft schnapptest. Oder anhieltest.
An denen es Meer wurde, und Strand. Ungewohnt.
Mit Eis, das gebrochen war. Oder Wasser an den
Polkappen, das niemanden trug. Immer lag es an
Sternen, die irgendwo standen. Während die Sonne
schien oder unterging, und wir pendelten zwischen
Arbeit, Sekunden und uns. Alles drehte und
wendete sich. Auf die anderen Seiten der Körper, die
fielen. Sich zu. Und die ruhten. In sich.
Da war es: ein Bauchfühlen, Aufstehen, Augenblick
hüten. Ein Stillstand von acht. Bis sieben nach acht.
Von der Kreuzung im Süden, den neunzehnstöckigen
Wolkenkratzern des Wetterberichts. Hier sahen wir
fern. Noch einmal die goldenen Sonnenscheiben,
Spiegelbilder der Wellen. Atome von Frühstücks-
teilchen und Poren an uns. Die wir trugen wie
andere Haut. Die sich breiter machten und dehnten.
Raumzeit in uns. Und die fraßen sich ein in die
Ecken der Wände. Staub über Nacht. Vor dem
Mittag und Abend. Da sahen wir schon: unser
Haus vor Saturn. Und es leuchtete wieder bei dir.

MIT einem Textmarker ziehe ich neuerdings durch die Straßen. Ich könnte hier und da Häuserzeilen unterstreichen, eine Randbemerkung auf dem Bürgersteig hinterlassen, dass mir dieses oder jenes wichtig erscheint, von einer anderen Seite betrachtet zu werden, im Licht von Laternen. Von gegenüber, wo gerade gereinigt wird. Oder aus Hinterhöfen, in denen es nach abgestandenen Bäumen riecht, Ölfilmen oder nach Gras. Ich könnte ansetzen für die Nacht, mit einem orange- oder gelbfarbenen Stift einige Punkte nach oben tupfen und mir ausmalen, wie weit es sein müsse bis zum nächsten belebten Planeten, den ich grün unterlegen würde. Ich könnte eines der dunklen Fenster nehmen und mit Gelb füllen, in der Hoffnung, dass jemand nach Hause kommt, sich aufs Sofa setzt, fernschaut oder ein Buch liest, einen Anruf entgegennimmt oder nichts tut, was hervorzuheben wäre.

Maspalomas

Hier war unser Zimmer mit Himmelblick.
Drei Sterne. Und ein malerischer Mond
hing im Türrahmen. Vor dem Balkon.

Über den Kopf hinweg nur das Laufen
der Klimaanlage, das Kühlung brachte.
Ohne die aufgerissenen Fenster der

Zwanzigjährigen. Die wir früher waren.
Jetzt. Fuhren wir mit Fingerkuppen
über den Faltplan der Dünen. Abends.

Von den Kolumbarienhotels hinüber. Ins
Restaurant am Meer. Wo der Südwind
unsere verbrannte Haut streifte. Hinaus.

BOLLYWOOD

Vor dem Spiegel. Scheppert
indisch dein Handy. Shiva
auf dem Nachttisch. Auch
du lässt deine Arme kreisen.
Nataraja. Seist du. Entkleidet.
Schlüpfst. Ein Gehäuteter jetzt.
Von Zikaden begleitet. Dein
rhythmisches Spiel. Samt
Klimaanlage. Gerausche des
Meers. Dein Salz in der Luft.
Die Perlen. Tropfen. Gestirne.
Vermischt mit den Resten
der Sonnenölung. Du
zählst deine weiteren Namen
auf. Einhundertacht. Und du
sagst: Man werde sich wieder
sehen. Immer und immer. Wieder.

NACHTWACHE

Unter den Bettlaken hielten wir uns
an die Undercover-Version zweier Rücken.

Wir berührten Hände, als wir aufflogen.
Während Federn unsere Schultern streiften.

Untergrundbewegungen, die uns – unter der
Camouflage von Nachthemden – enttarnten.

Ein Iris- oder Retina-Scan. Und der
Ausdruck unserer Augen auf Mikrofilm

wurde Klartext. Ein leuchtendes Grün
über dem Eingang: Offenbarte

das Schlüsselwort unter verdeckten Lidern.
Tagauswärts gingen wir. Codiertes

Manuskript in den Zellen. Heimlich
war jeder in seinen Wänden. Suspekt.

KOPIE

Hirnlos, die Blaupause meines Körpers.
Praktisch nur in Zeiten der Krankheit.
Wir tauschen Blicke aus. Nie sehe ich,
hinter der Retina, die Regung eines Gefühls.

Du gibst mir die Hand. Eine Geste deines
Verzichts. Weltfremd. An Maschinen.
Draht. Aus dem Gesicht geschnitten. Dir.
Ein Stück von Haut. Verpflanzt. Auf meine.

Eines Tages wächst Gras über alles. Ich
lege den Stummel deines Armes zurück,
schließe deine Augenhöhlen. Lasse dich,
in einer Form von Dankbarkeit, zurück.

DANN WAR ICH ES, der ein Phantombild unserer Hände auf Mikrofilm speicherte im Glauben, sie haltbar zu machen für die kommenden Jahrzehnte. Ein Blick auf die Fingerkuppen genügte, um zu wissen, dass wir mehrmals schon über die Stadtpläne gezogen waren auf der Suche nach Treffpunkten am Abend. An denen wir ein flüchtiges Kennenlernen arrangierten nach der gegenseitigen Übergabe unseres Lösegelds.

Mangelhaft

Vermessen waren wir mit unseren Grenzen. Zu
hoch gegriffen jeder Anspruch, weiter zu sein

als das Randgebiet unserer Haut, das sich
über uns erstreckte. Und endete. Aufeinander.

Die Liebe in uns war einseitig, eine Taubheit der
rechten Hälfte, mit herunterhängenden Lidern.

An den Nachmittagen spürten wir nichts vom
Berühren der Arme oder Hände. Und eines Abends

bedienten wir uns des Imperfekts, um zu sagen,
dass es vorüber war, nicht gut genug. Für einander.

Herz – Lungen – Finale

Abseits standen wir in den Fieberkurven und jubelten.
Wenn ein Wind vorüberflog und den Arm berührte.
Sanft waren wir dann und steigerten uns in den
Abend hinein. Ein Unentschieden zwischen Sonne
und Mond, das instabil war, jederzeit eine Spur.
Bis zur Niederlage im Gras. So konnten auch
wir unsere Flanken öffnen. Wir liebten die
Seitenstreifen, das Aus. Nach der Halbzeitpause, dem
Wechsel des Grüns. Dort lagen wir dann in
Verteidigungshaltung. Gegen den Ablauf des Spiels.
Verbleiben sollte das alles in Luft. Kein Blatt, das sich
wenden durfte auf Lippen. Vor ausgewechselten
Flügeln blieben wir stehen. Wir, die immer nur
Sterbliche waren, schlugen uns zwei zu eins.

Pathologisch

Der Tag hatte Graustiche über meinen Arm gelegt. Ein Schlafmittel rann aus Regentropfen in meine Venen. Schleierhaft kam ich mir vor hinter den Sichtblenden. Nur noch selten öffnete sich mein Mund für den Schlauch und die wenigen, kühlenden Dinge, die zu sagen gewesen wären. Auch verlor ich allmählich von den Zehenspitzen zum Rückenmark hin jede Wetterfühligkeit. Wenn es aufklarte über den Wiesen, konnte man schemenhaft Licht erkennen, wie die acht- oder zehnfaltige Lampe eines OP-Tisches zur Rechten meines weißen, in Grün getauchten Gottes. So leicht lag vor mir die Tropfsteinhöhle eines Bauches. Übersät mit Knochenresten, Werkzeugen und allem Gezeichneten an den Wänden, das aussah wie eine mit Latex überzogene, in rötlichen Lehm getauchte Hand. Hier also empfingen sie ihre Sonden und warfen sich vor jenem in den Staub, der zu Leben erweckte. *Wie hießen Sie noch? Welches Jahr schrieben wir?* Noch immer hing Nebel über den Bergrücken, als ich – nach einiger Suche unter den Verhüllten, kühl Gelagerten und den frei Gegebenen – zu mir kam.

UND WENN WIR RAUCHTEN, wie war es dann?
Fühlte es sich kühl an, wenn die Hände
auf dem Tisch lagen? Oder die Uhr? War es
laut, wenn der Mond aufging? Hinterrücks.
Mit einem Stück Brot auf der Zunge. Wenn es
sieben schlug. Und wir Wasser tranken. Zu
Kapseln im Meer. War es schwer
in den Armen? Vom Stuhl gehoben. Auf
Federbetten. Ein Glas? War es
Nacht, als der Staub auf den Hemden lag?
Und im Aschenbecher die Kippe?

Inhalt

I. Nordlicht brennt   5

Video · 7
Nachtbewohner · 8
Mein Niemandsland · 9
Relativ · 10
U · 11
Pegasus … · 12
Himmelsmechanik · 13
Merkur · 14
Venus · 15
Terra · 16
Luna · 17
Mars · 18
Jupiter · 19
Saturn · 20
Uranus · 21
Neptun · 22
Pluto · 23
Komet · 24
Visite · 25
Medusensalon · 26
So gut wie nie · 27

II. Ins Logbuch der Beagle   29

Prolog · 31
Wohin? · 32
Ein Anfangsverdacht · 33
Evolution · 34
Galapagos · 35
Finken · 36
Meerechsen · 37
Fossil · 38

Archaeopteryx, Nr. 3 · 39
Archaeopteryx, Nr. 8 · 40
Pans Schweigen · 41
Lucy in the soil with a skull · 42
Genetisch · 43
Wir zählten Chromosomensätze · 44
Epilog · 45

III. Grünanlagen   47

Biotopisch I · 49
Biotopisch II · 50
Marktstand, Mitte Mai · 51
Sommerspiele · 52
Gartenrenaissance · 53
In den Liegenschaften des Sommers. · 54
Sonnenbankrott · 55
Aufgewachsen bin ich bei Sturm · 56
Bayern 1 · 57
In den Resten des Grüns · 58
Ökonomisch · 59
Luftbild · 60
Landebahn · 61
Wild · 62
Nordkurs · 63
Montan · 64

IV. In den Schächten des Netzwerks   65

Kunde davon · 67
Manchmal kamen wir · 68
Internetforen · 69
Hier ist Arbeiterbewegung · 70
Face Book · 71
Flickr · 72
Mein Raum · 73

Webcam I · 74
Webcam II · 75
Twitter-Lyrik · 76
Festplattenblues · 77
Unverletzlich · 78
Offline · 79

V. Corpus du 81

Wir · 83
Kokon · 84
Theben I · 85
Theben II · 86
Vergoldung · 87
Römisch – Germanisch · 88
Turin · 89
Die Grabungen innen · 90
Jetzt, da unser Retrolook wieder in Mode kommt, · 91
Alte Liebe · 92
Milchstraße 17a · 93
Mit einem Textmarker · 94
Maspalomas · 95
Bollywood · 96
Nachtwache · 97
Kopie · 98
Dann war ich es · 99
Mangelhaft · 100
Herz – Lungen – Finale · 101
Pathologisch · 102
Und wenn wir rauchten · 103